1

Annemarie Schwarzenbach

Winter in Vorderasien

Aus: Tagebuch einer Reise

Teil 1

5. Dezember 1933

Wir verließen Konya um drei Uhr nachts. Es war eisig kalt; am Tag hatte es geschneit, jetzt knirschte die dünne Schneeschicht unter den Rädern des Wagens, der uns zum Bahnhof führte. Im Hotel war es so kühl gewesen, dass kein Holzfeuer genügte, um die Zimmer zu erwärmen. So saßen wir nahe am Ofen, zusammen mit einem Deutschen, den irgendwelche Geschäfte nach Konya verschlagen hatten, und tranken Raki. Von Zeit zu Zeit brachte der Rusk, der russische Hausdiener, heißen Kaffee in kleinen, henkellosen Schalen.

Dann kam die Fahrt zum Bahnhof: eine lange Allee, mit dünnen Bäumen besetzt, Schnee in den harten Radspuren – links die helle Kuppel einer Moschee, sonderbar fremdes Gebilde in der Winternacht, vor dem Bahnhof, in weißen Ledermänteln, die Kutscher, und, zerfetzt, frierend, die Hammal, die sich auf unser Gepäck stürzten. Punkt drei Uhr ging das Licht aus. Das sei so in Konya, wurde uns erklärt, und die Reisenden des Taurus-Express müssten sich damit abfinden. Im Schein einer Petroleumlampe warteten wir, bis, eine halbe Stunde verspätet, der Zug einlief. Die Wagen waren überfüllt, in den Abteilen schliefen Offiziere, Matrosen, ganze Familien, Körbe mit Säuglingen schaukelten zwischen den Gepäcknetzen. Ein Hauptmann kam im Gang auf uns zu. »Ich habe Sie in Kayseri gesehen«, sagte er und nannte den Namen eines Freundes, bei dem wir oben in Anatolien zu Gast gewesen waren. Er brachte uns in seinem Abteil unter, wo außer uns noch ein Tscheche saß, ein Ingenieur, wie sich herausstellte, unterwegs nach Mossul und Bagdad.

Gespräche gingen hin und her; wir schliefen kaum, bis die Sonne durch die beschlagenen Scheiben drang und die schnelle Dämmerung der braunen Ebene der farbigen Flut des Morgens wich. In Ulukisla standen die Bauern in Pelze gehüllt am Bahnhof; ein Soldat brachte uns Tee, eine Minute lang atmeten wir draußen die frische Gebirgsluft. Und nun lagen die weißen, glänzenden Ketten des Taurus vor uns. Wie Traumgebilde stiegen sie aus der Ebene empor, den Fuß von Nebel umwallt, die phantastischen Spitzen und Zacken gelb, rosa und schwarz leuchtend, vom Licht getroffen, das sie wie Metallspiegel zurückwarfen. Der langsame Anstieg begann; bald neben uns, bald seitlich abirrend führte die alte Taurusstraße empor; wir sahen Reiter, Eselkarawanen, Wagen, weiter oben nur noch Hirten mit ihren großen Schafherden. Der Ingenieur erzählte uns, dass der Taurus voller Schätze sei – die nussgroßen Edelsteine im Serail zu Stambul seien zum Teil von unbekannter Beschaffenheit und könnten weder aus dem Kaukasus und dem Ural, noch aus Südafrika stammen, sondern müssten hier in den Gebirgen des Landes ihren nunmehr vergessenen Ursprung haben … Dann begann er großsprecherisch von seinen Abenteuern in allen Teilen der Welt zu erzählen – von den Räubern in Nordafrika, den heimlichen »Lasterhöhlen« Stambuls, von den Taschendieben der Levantestädte und den großen Jägern oben in Kanada. Jetzt hatte er sich verheiratet und fuhr in den Irak, um im Petroleumgebiet zu arbeiten. »In einem Jahr werde ich meine Frau nachkommen lassen«, sagte er zuversichtlich. Sie wartete in Prag …

Inzwischen reihten sich die Tunnel, ließen kurze Durchblicke auf die besonnten Felsmassen; nach einem großen Tunnel sahen wir die ersten Bäume: Föhren, vom Wind gekrümmt, spärlich auf runden Hügeln verteilt, aber ihrer wurden immer mehr, und als der Zug einigen Schleifen abwärts folgte, war es schon ein Wald. Zwei Monate hatten wir vor uns die baumlose Hochebene gehabt – jetzt konnten wir uns am dunklen Grün nicht sattsehen, der felsige Gebirgsboden tat es uns an, die Flecken grauen Flechtwerks, die hohen Wurzeln, der Blick in Schluchten, wo gefallene Stämme übereinanderlagen. Und der Blick wurde immer weiter, wir folgten dem Rand eines bewaldeten Talkessels, von der Station des Gebirgsdörfchens Hadschikiri aus sah man, durch eine ungeheure Felskluft, das Meer.

Zuerst glaubten wir uns zu täuschen: Da schimmerte etwas, ein schwarzer Spiegel, und blendete die Augen. Die Sonnenstrahlen wurden davon angezogen und sammelten sich wie ein Speerbündel an jener Stelle. Es war das Meer.

Frauen, die nichts fordern,
werden **beim Wort** genommen –
sie bekommen nichts.

SIMONE DE BEAUVOIR

2

Annemarie Schwarzenbach

Winter in Vorderasien

Aus: Tagebuch einer Reise

Teil 2

Im Abteil nebenan wurde die Kinderwiege heruntergeholt. Ein kleines Mädchen lief mit einem Wasserbecken und einem Rasierpinsel durch den Gang, der Vater rasierte sich, während ein dicker kleiner Junge ihm den Spiegel hielt. Die Mutter packte; Bündel, Pakete, Tonflaschen, Körbe häuften sich. Endlich, kurz vor Adana, zog der Vater die Pantoffeln aus und verlangte herrischen Tons nach seinen Schuhen. Dann war die Familie bereit, und wir fuhren in Adana ein. Unser Hauptmann verließ uns; die Familie warf die Gepäckstücke zum Fenster hinaus. Orangenverkäufer liefen schreiend den Wagen entlang. Dann erfuhr der Tscheche plötzlich, dass unser Wagen nicht mehr weiterfahre. Hammal stürzten herbei, der Umzug vollzog sich in Eile. Auf dem anderen Geleise erwarteten uns alte, europäische Wagen. »Bagdat« stand in gelben Buchstaben darauf. Während der Zug rangierte, ließen wir uns draußen die Schuhe putzen, kauften Wasser und gingen in der Sonne spazieren. Vorbei mit der Kälte, dem Schnee, dem Hochebenenwind. Hier war Mittelmeer; laue Luft umgab uns. Palmen und riesige Kakteen standen in den Gärten.

Der Zug füllte sich. Offiziere, Geschäftsleute, Offiziere; keine einzige Frau. Wir durchfuhren die fruchtbare Baumwollebene; wandten wir uns nach rückwärts, so sahen wir an ihrem Rand, langsam versinkend, die silbrigen Ketten des kilikischen Taurus. Noch vier Stunden trennten uns von der syrischen Grenze. Als wir gerade Eier, Brot und Orangen auspackten, erschien in unserem Abteil ein dunkelhaariger Bursche in genagelten Skistiefeln und Knickerbockers. Er legte die Hand an die Mütze, setzte sich dann und nahm die Mütze ab. »Sprechen Sie Spanisch?«, fragte er. »Rusk? Hebräisch?«

Wir schüttelten die Köpfe. »Sprich Spanisch«, sagten wir, worauf er uns in einem Kauderwelsch französischer, italienischer und spanischer Brocken auseinandersetzte, dass er nach Syrien wolle, während sein Pass, wie wir feststellten, ein Transitvisum über Syrien und Irak nach Persien aufwies. »Nach Beirut«, erklärte der Junge, »von dort Palästina« – dabei legte er den Finger an den Mund. Wir riefen unseren Tschechen, der sich mit dem Jungen auf Serbisch verständigen konnte. Er war spanischer Jude, hatte einen jugoslawischen Pass und wollte nach Palästina. Als Jude hatte er aber kein Visum für Syrien bekommen – nach Palästina wollte er sich ohnedies auf illegalem Wege über Beirut einschmuggeln –, und ein Freund in Stambul hatte ihm geraten, sich das Transitvisum für Persien zu verschaffen, um dann irgendwie in Syrien den Zug zu verlassen. »Es war ein schlechter Rat«, sagten wir ihm, »man wird dich zurückschicken.« Er hörte aufmerksam, wortlos zu, dachte lang nach und begann dann mit plötzlicher Heftigkeit zu erklären.

Er habe neun englische Pfund, sagte er, wir sollten dem Passbeamten sagen, dass er keinesfalls nach Persien könne, nur nach Beirut zu seinem Konsul oder in eine Hafenstadt, Iskenderun zum Beispiel; dann wolle er sich weiterhelfen.

Wir hielten an der Grenze. Fevzipascha. Wir befanden uns wieder im Gebirge, es wurde kalt, die Dunkelheit brach unerwartet ein. Wir sahen die Lichter von Militärbaracken, Offiziere standen auf den Geleisen und umarmten Kameraden, die in unseren Zug stiegen – wir erfuhren, dass sie nach Persien als Instruktoren versetzt worden waren. Passbeamte standen in den Gängen; draußen bettelte ein halb nackter Junge, wir reichten ihm ein Brot heraus, worauf er es unter den Arm presste und wie ein Tier in der Dunkelheit verschwand.

Dann läutete die Glocke, die Offiziere standen stumm grüßend an den Fenstern, der Zug setzte sich in Bewegung.

Der junge Jude erschien wieder unter der Türe, gefolgt von einem französischen Passbeamten. Wir erklärten ihm, so gut es ging, die Situation. »Unmöglich«, sagte der Beamte wütend, »ich kenne die Burschen, zwanzig sind schon auf diese Weise nach Palästina gelangt.«

»Aber was wollen Sie mit ihm tun?«

»Wir werden ihn zwingen, ein Billett nach Mossul zu lösen, oder er wird mit Gendarmen nach Stambul zurückgeschickt.«

Der Junge folgte mit gierigem Ernst dem Gespräch.

»Sie wissen, dass er nicht nach Persien will«, sagten wir, »er hat dafür auch nicht genug Geld. Man wird ihn gar nicht hereinlassen, denn dafür müsste er fünfzig englische Pfund vorweisen.«

Es war nichts zu machen. Der Junge wollte nicht nach Stambul zurück. Kurz vor Aleppo hielt der Zug, die Offiziere stiegen aus; auf dem Nebengeleise wartete der Wagen nach Terschuan. Wir verabschiedeten uns von unserem Ingenieur. Dann sahen wir, wie ein Beamter den kleinen »Hebreux« in einen Wagen dritter Klasse schob und seinen Pass einem Offizier reichte. »Geben Sie auf ihn acht«, rief er, »er muss Transit nach Persien … « Schreien, Rufen; Pfiffe und Glockenzeichen. Langsam glitten die Wagen aneinander vorbei. Hinter uns blieben die Waldgebirge, Kilikien, der schneebedeckte Taurus. Nachtkälte drang durch die Fenster, im Gang standen die Franzosen, von Zigarettenrauch eingehüllt.

Um halb zehn Uhr abends erreichten wir Aleppo.

Wo man am meisten fühlt,
weiß man am wenigsten zu sagen.

ANNETTE VON DROSTE-HÜLSHOFF

3

Astrid Lindgren

Es begann in Kristins Küche

Teil 1

Es begann in Kristins Küche, als ich ungefähr fünf Jahre alt war. Bis dahin war ich ein kleines Tier gewesen, das mit Augen, Ohren und allen Sinnen nur das in sich eingesogen hatte, was Natur war. Dass es auch Kultur gab, erfuhr ich erst, als ich auf Kinderbeinen in Kristins Küche stiefelte, wo mich überraschend ein Hauch davon streifte. Kristin war mit unserem Kuhknecht verheiratet, und was wichtiger war, sie war Edits Mama. Diese Edit – gesegnet sei sie jetzt und allezeit – las mir das Märchen vom Riesen Bam-Bam und der Fee Viribunda vor und versetzte meine Kinderseele dadurch in Schwingungen, die bis heute noch nicht ganz abgeklungen sind. In einer seit Langem verschwundenen, armseligen kleinen Häuslerküche geschah dieses Wunder, und seit jenem Tage gibt es für mich in der Welt keine andere Küche. Lese ich von einer Küche, oder schreibe ich selber etwas, das sich in einer Küche ereignet, so spielt sich dies ewig und unveränderlich bei Kristin ab … dort steht die Küchenbank, dort der Tisch, dort der eiserne Herd und dort ist die Tür zur Stube. Ja, gesegnet sei Kristins Küche und gesegnet sei Edit! Sie las mir auch weiterhin ab und zu etwas vor. Die Bücher kann sie sich nur in der Schule geliehen haben, denn zu damaliger Zeit hatten Häuslerkinder keine Bücher.

Auch Bauernkinder nicht, zumindest ich nicht. Allmählich lernte ich selber lesen und ging auf die Jagd, um meinen wilden Lesehunger zu stillen. Anfangs war die Ausbeute nur mager. Aber die Lehrerin in der Vorschule hatte immerhin einen glänzenden Einfall – alljährlich brachte sie uns vor Weihnachten wunderbar bunte Prospekte über Weihnachtszeitungen und Märchenbücher mit, sodass man sich ein Buch als Weihnachtsgeschenk bestellen konnte. *Schneewittchen* mit einer von Jenny Nyström gezeichneten drallen, schwarzlockigen Prinzessin auf dem Umschlag war mein erstes eigenes Buch, danach kaufte ich mir auch *Unter Wichteln und Trollen* mit John Bauers unvergesslichen Illustrationen. Ein Buch ganz für sich allein zu besitzen – dass man vor Glück nicht ohnmächtig wurde! Noch heute weiß ich, wie diese Bücher rochen, wenn sie funkelnagelneu und frisch gedruckt ankamen, ja, denn zunächst einmal schnupperte man daran, und von allen Düften dieser Welt gab es keinen lieblicheren. Er war voller Vorgeschmack und Erwartungen. Dann war man plötzlich zehn Jahre alt und ging in die Oberschule. Im Lehrerzimmer gab es eine Schulbibliothek, und darauf stürzte ich mich wie eine Besessene und verschlang alles, was es dort gab. In diesen Jahren zwischen zehn und dreizehn verschlingt man ja Bücher, und auch ich futterte alles Erreichbare, gleichgültig, ob ich es mir aus der Schulbibliothek holte oder von Mitschülern lieh, die mit Büchern besser ausgestattet waren als ich. Ich las die ganze lange Reihe von Sagen und Geschichten, vom Trojanischen Krieg bis zu *Robinson Crusoe* und *Onkel Toms Hütte*, dazu alles, was ich von Jules Verne ergattern konnte, ferner *Die Erzählungen des*

Feldschers und Ingemanns historische Romane, *Der Graf von Monte Christo* und *Die drei Musketiere, Der letzte Mohikaner, Das Dschungelbuch, Die Schweden und ihre Häuptlinge, Die Schatzinsel, Tom Sawyer und Huckleberry Finn* – schau an, welche stattliche Liste alter Klassiker! Und dann all die wunderbaren Mädchenbücher. Dass es überhaupt so viele nette und lustige Mädchen in der Welt gab, die einem plötzlich ebenso nahestanden wie Geschöpfe aus Fleisch und Blut!

Da war Hetty, der irische Wildfang, und Polly, die Krone aller Mädchen aus New England, ferner Pollyanna und Katy, ganz zu schweigen von Sarah, dem Mädchen mit den Diamantengruben, die so unsäglich arm wurde und frierend in ihrer Bodenkammer hockte, bis Ram Dass mit Suppe und warmen Decken zu ihr über das Dach geklettert kam. Und dann natürlich Anne auf Avonlea, o du Unvergessliche, auf ewig fährst du im Einspänner neben Matthew Cuthbert unter Avonleas blühenden Apfelbäumen! Wie ich mit diesem Mädchen gelebt habe! Einen ganzen Sommer lang spielte ich mit meiner Schwester in dem großen Sägemehlhaufen oben bei der Sägemühle Anne auf Avonlea: Ich war Diana Barry und die Dunggrube hinter dem Kuhlstall war die dunkel spiegelnde Woge. Dass es eine Zeit im Leben des Menschen gibt, wo man mit solcher Inbrunst und Hingabe liest! Der Schnee, der in der Steinzeitnacht unablässig auf Ura Kaipa niederrieselte, ich spürte ihn auf der eigenen Haut. Und an diesen Schnee werde ich mich noch erinnern, wenn ich schon jeden anderen Schnee vergessen habe. Da ist noch mehr, woran ich mich dann noch erinnern werde. An Avonleas Apfelblüte und an einen bestimmten Baum in Australien, der umstürzte und ein junges Mädchen erschlug, worüber ich sehr weinte; an eine Ziege, die im Schweden der Notzeit im Winterschnee umherirrte; an eine Wölfin in Indien und an einen Fuchs, der Wildgänse jagte – sie alle haben sich auf ewig in meinem Gedächtnis eingeprägt. Und mehr noch gibt es, das ich nie vergessen werde. Den Schoner namens Hispaniola und wie sehr ich um den kleinen Jim Hawkins bangte, als der Schiffskoch mit seinem Holzbein angepoltert kam; ich werde noch immer wissen, wie ich mit Tom Sawyer und Becky Thatcher in der unterirdischen Höhle zitterte, wie ich über Onkel Tom weinte und wie ich lachte, als Huck Finns Vater, blau wie eine Strandhaubitze, mit dem großen Zeh in der Pökelfleischtonne landete. Huck Finn, ja! Vielleicht bleibt mir am längsten und eindringlichsten die Erinnerung an meine langsame Fahrt den Mississippi hinunter auf dem Floß, das Huckleberry Finn gehörte.

Ohne **Frauen** geht es nicht.
Das hat sogar Gott einsehen müssen.

ELEONORA DUSE

4

Astrid Lindgren

★ ★ ★ ★ ★ ★ ★ ★ ★ ★ ★ ★

Es begann in Kristins Küche

Teil 2

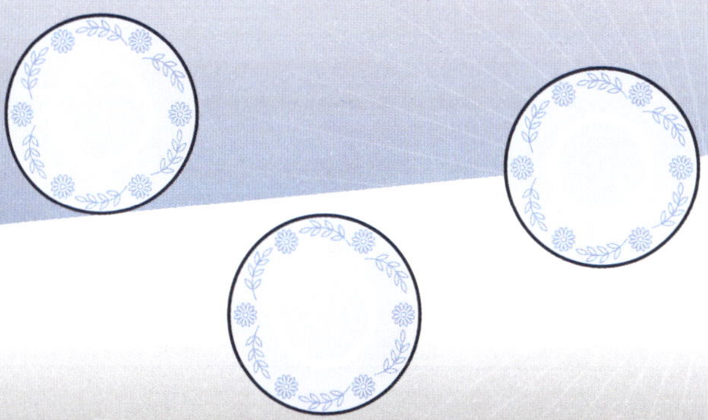

Nun glaube man ja nicht, dass ich nur Klassiker gelesen habe! Tatsache ist immerhin, dass die Bücher, die mich damals vor langer Zeit am stärksten ergriffen haben und meine ständigen Begleiter geworden sind, gerade die sind, die auch heute noch in den Bibliothekskatalogen zu finden sind. Sollte das womöglich daran liegen, dass es zufälligerweise so gute Bücher waren? Aber weiß Gott, nicht nur Klassiker! Mein Lesestoff war breit gefächert, so könnte ich behaupten. *Der Mann mit den eisernen Fäusten oder Der König der Haudegen* hieß ein wahres Kleinod, das in der Schulbibliothek unbegreiflicherweise nicht vorhanden war. Mein Bruder bestellte es auf eine Anzeige hin, unter großen finanziellen Opfern erwarb er sechs rosa Bände, triefend von Blut, Verbrechen und teuflischer Bosheit. Oh, wie hasste ich diese wunderschöne Alli Jerrold, die die ganzen sechs Bände hindurch dem König der Haudegen, Jack Barr, nichts als Elend und Ungemach bereitete. Ich fand es ganz in Ordnung, dass ihr in einer dunklen Nacht das schöne Gesicht mit einem Rasiermesser zerschnitten wurde – ritsch, ratsch! –, nach diesem Denkzettel war sie nicht mehr ganz so schön! So »gerecht« und erbarmungslos ist man gewesen, wenn man in den auf Buchseiten ausgetragenen Kämpfen richtete, und dennoch glaube ich nicht, dass man als Kind besonders gefühllos war. Aber mit Alli Jerrold hatte ich kein Mitleid, im Übrigen besorgte sie sich, durchtrieben wie sie war, einen schwarzen Schleier, den sie vor dem Gesicht trug, sodass nur noch ihre schönen Augen zu sehen waren, und damit verhexte sie auch weiterhin den armen Jack Barr.

Die wunderbaren Schilderungen der Schurken in *Der Mann mit den eisernen Fäusten* verschlang ich gleichzeitig mit Katy in der Schule, ferner *Sieben kleine Heimatlose* und *Eine kleine Prinzessin*, dazu unzählige billige Indianderhefte, Hedwig Courths-Mahlers tränentriefende Liebesromane und die frommen Geschichten von Runa und Betty, die meine Eltern alljährlich zu Weihnachten vom Pfarrer geschenkt bekamen. Alle diese Bücher waren für mich gute Bücher, ich bitte dies zu beachten! Aber ich halte ja auch nichts davon, Kinder zu Buchkritikern zu ernennen. Die Zeit für unbegrenztes Lesen zu finden, war freilich schwierig. Selbstverständliches Gebot war, dass man zu Hause half. Oft setzte ich mich an die Wiege, wo ich meiner jüngsten Schwester etwas vorsingen musste, weil sie sonst nicht einschlafen wollte, und hatte ich gerade ein spannendes Buch erwischt, war das eine harte Prüfung. Aber ich wusste mir zu helfen. Ich sang ihr aus dem Buch vor, Seite auf und Seite ab. Natürlich dauerte es länger als sonst, aber es ging. »Es saß ein einsam Mütterlein im Walde und weinte sehr, tralalalala« – dieses »Lied« zitieren meine Geschwister noch heute als Beispiel für meine Gesangsleseübungen. Dass ich selbst mit der Zeit Kinderbuchautorin geworden bin, liegt einzig und allein am

Wetter. Hätte es an einem bestimmten Märztag 1944 in Stockholm nicht geschneit, wäre ich nie dazu gekommen. Schon in meiner Schulzeit erhoben sich warnende Stimmen: »Du wirst mal Schriftstellerin, wenn du groß bist.« Und – spöttischer –: »Du wirst mal Vimmerbys Selma Lagerlöf.«
Das entsetzte mich derart, dass ich einen förmlichen Beschluss fasste: Niemals würde ich ein Buch schreiben! Bereits der Prediger Salomo klagte ja: »Denn viel Büchermachens ist kein Ende«, und ich hielt mich nicht für berufen, den Bücherstapel noch höher anwachsen zu lassen. Diesem meinem Vorsatz bin ich bis zum März 1944 auch treu geblieben. Doch dann kam dieser Schnee, der die Straßen glitschig wie Schmierseife machte. Ich fiel hin, verstauchte mir den Fuß, musste liegen und hatte nichts zu tun. Was tut man da? Schreibt vielleicht ein Buch? Ich schrieb *Pippi Langstrumpf.* Wie die Pippifigur ursprünglich entstanden ist, habe ich so oft erzählt, weil ich so oft danach gefragt worden bin. Es hier noch einmal zu tun, kommt mir zwar dumm vor, aber trotzdem. 1941 lag meine Tochter Karin krank im Bett, und eines Abends sagte sie: »Erzähl mir was von Pippi Langstrumpf.« Es war ein Name, der ihr gerade in diesem Augenblick durch ihren fieberheißen Kopf geschossen war. Ich tat ihr den Gefallen und dachte mir eine närrische Range aus, die zu dem Namen passen konnte, und musste bald entdecken, dass uns eine Pippi ins Haus geschneit war, die wir nicht wieder loswerden konnten. 1944 wurde sie gedruckt, einerseits abgelehnt, andererseits preisgekrönt, jedenfalls lag sie plötzlich in den Buchhandlungen. Manche hielten sie für »etwas Unbehagliches, das an der Seele kratzt«, andere schlossen sie seltsamerweise ins Herz. Die Kinder taten es, und für sie hatte ich ja geschrieben. Oder, richtiger gesagt, für das Kind in mir, das noch immer nach Büchern hungert. Dieses Kind entdeckte mit Jubel – ja, du liebe Zeit! –: Bücherschreiben macht ja genauso viel Spaß, wie sie lesen! Und deshalb schreibe ich Kinderbücher. Alles ist nur eine Fortsetzung dessen, was einst in Kristins Küche begann.

Glück
ist was für Augenblicke.
CHRISTINE NÖSTLINGER

5

Dora Duncker

Meine Herren Collegen!

Moment-Aufnahmen von einer jungen Schriftstellerin

[…] Meine nachstehenden »Moment-Aufnahmen« sollen keinem anderen Zweck dienen als dem, den fernstehenden Kreisen diesen oder jenen Lieblingsschriftsteller vor Augen zu führen als Mensch, wie er sich mir auf kurze Augenblicke zeigte. Vielleicht ist dieser oder jener enttäuscht, vielleicht stimmt meine Beschreibung mit der, die sich der Leser machte, überein – in jedem Fall aber bitte ich zu bedenken, dass ich die einzelnen Persönlichkeiten nur schildere, wie sie mir in einer viertel oder halben Stunde des Gespräches vorkamen. Meine Herren Collegen bitte ich, mir nicht Indiskretion vorzuwerfen; denn der Schriftsteller und der Journalist gehört der Öffentlichkeit an, diese hat ein Recht, ihn auch als Mensch kennenzulernen.

Die Verfasserin

[…] Mein Liebling, Theodor Wolf, eifrigster Mitarbeiter meines Leibblattes, des »Tageblattes«, hat eine schöne Aphorisme als Motto über den Wagen seiner literarischen Triumphe gesetzt: »Auf jedem Gebiet, wo Du wirkst, musst Du Verblüffendes bieten, denn man gewinnt die moderne Welt nur dann für sich, wenn man sie in Erstaunen setzen kann.«

Ich schätze dieses Talent, andere in Erstaunen zu versetzen, außerordentlich; denn es gehört zu dieser Leistung eine tüchtige Portion – Kaltblütigkeit! Theodor Wolf ist der Liebling aller Damen, die für süße, nach Blumen duftende, nachtigalltönende, Sehnsucht erweckende, himmelhoch jauchzende, bunte, farbensatte Lektüre schwärmen; darin bilde ich keine Ausnahme. Aber trotzdem glaube ich, dass die meisten meiner Schwestern unser gemeinsames Schoßkind, den lieben Theodor, nicht so gut verstehen wie ich, dass sie vor allen Dingen durch seine schriftstellerischen Erzeugnisse nicht in das richtige Erstaunen versetzt werden. Ich aber staune immer wieder, wenn ich etwas von ihm lese, ich empfinde immer Hochgenuss, was er mir auch bietet, sei es eine bunte, schillernde Studie aus Corfu oder eine Naturschilderung, geschrieben mit leuchtender, wahrscheinlich elektrisch-bengalischer Feder! Ich lese seine Erzeugnisse nicht nur – ich studiere und verarbeite sie in mir mit den geistigen Gaben, die mir zu Gebote stehen! Aber, ach, da bleibt so mancher Rede Sinn mir dunkel, so manche farbenprächtige Stelle kann ich nicht verstehen! Ähnliches wie »sonnenvergoldete, purpurbegossene, satte, lachende Wiesen«, oder »sternenbeschienene, von der Natur geküsste, vor Wonne zitternde Mondlandschaften« sind mir Rätsel; und doch liest sich diese Musik in Worten so prächtig, wenn man achtlos darüber weg gleitet. Aber das kann ich nicht! Ich möchte wissen, wie ein »jubelnder, kräftiger Maientag« aussieht, wo man der »schwer atmenden, tränenbangen, todeswunden Jungfrau« begegnet und in welchem Teile Europas »schillernde, liebewarme, duftige Landschaften« liegen; beim Himmel, noch heute würde ich mich dorthin aufmachen! Aber mein Liebling Theodor sagt das leider nicht, er teilt den Lesern des »Tageblattes« nicht mit, wo er seine goldne, duftende Poesie getrunken hat. […]

Ich habe
so selten **Zeit**
zum Träumen und
doch so viele
Träume.

FRANZISKA ZU REVENTLOW

6

Lou Andreas-Salomé

★★★★★★★★★★★

Aus:

Eine Ausschweifung

Einige Tage später befand ich mich auf der Reise nach Brieg. Während der langen Eisenbahnfahrt erzählte ich es mir selber wohl hundertmal, wie wunderlich eng und klein mir alles in der Heimat vorkommen werde, aber zugleich freute ich mich all dieses Engen und Kleinen als des heimatlich Vertrauten, was ich nun wiedersehen sollte; es durfte sich nicht weiterentwickelt haben, sondern musste, um zu wirken, genauso geblieben sein, wie es war, grade wie eine alte Kinderfibel, die ohne ihre naiven Lehren und Verschen auch nicht mehr ein Erinnerungsbuch wäre. Es reute mich nicht mehr, Paris verlassen zu haben, trotzdem ich grade jetzt dort den Winter hatte genießen wollen – und doch lag in der Stimmung, worin ich diese Reise unternahm, mir unbewusst, ein tieferer Leichtsinn, der von dunklen Sensationen träumte, als in allen Genüssen, zu denen ich mich dort hätte verleiten lassen können. In Brieg langte ich am Abend nach neun Uhr an. Den Tag meines Eintreffens hatte ich absichtlich nicht gemeldet, ich ließ mein Gepäck am Bahnhof und ging langsam über den Wallgraben unsrer Steinstraße zu. Es schneite. Ein mächtiger Wind, von Norden daherfahrend, fegte über die Oderniederungen und die schlesische Ebene hin, das kleine Brieg lag förmlich eingesargt im tiefen weißen Winterschnee. Bei diesem Wetter waren die winkligen Gassen trotz der Weihnachtszeit noch stiller, noch menschenleerer als sonst, und in den Häusern brannten die Lampen hinter fest zugezogenen Vorhängen. Man konnte in dem von Schneeflocken umtanzten Laternenschein nicht gerade viel erkennen, aber das sah ich doch mit lebhaftem Bedauern, bis zu welchem Grade die alte charakteristische Stadtphysiognomie sich im Lauf der Jahre verjüngt zu haben schien. Schon vermisste ich an den schmalen alten Häusern hier und da das köstlichste Giebelwerk, und überall hatte die schlechte Glätte billiger Modernisierung begonnen, die verfallende Schönheit zu ersetzen. Auch Brieg ging also vorwärts! Es war nicht mehr ganz das alte, vertraute Städtchen auf dessen winklige Enge ich mich gefreut hatte. Der Fortschritt des Lebens mit seinen praktischen Anforderungen, der häufig das Banale nützlicher findet als das Seltene, hatte auch hier manches Schöne als Hindernis aus dem Wege geräumt. Als ich bei unsern großen, einförmigen Anstaltsgebäuden anlangte, sah ich ganz nah am Eingang unseres Hauses einen Mann stehen, im weiten Mantel und eine Fellmütze auf dem Kopfe. Er stand ganz regungslos da und blickte mir entgegen, während ich mich am Parkgitter des Irrenhauses entlang ihm mehr und mehr näherte. Der Laternenschein fiel ihm in den Rücken, sodass seine Züge im Dunkeln blieben, aber ich wusste doch sofort, dass es Benno war. Mich ergriff eine kindische Freude, so groß, wie ich sie nie für möglich gehalten hätte, zugleich mit dem Verlangen, stehen zu bleiben. Aber das erlaubte der Sturm nicht; er blies mich von hinten an, als wehe er mich ihm einfach entgegen.

Ich konnte merken, wie an meinem Reisehut der zurückgenommene Schleier zerrte und flog, gleich einem ungeduldig aufflatternden gefesselten Vogel. Und jetzt kam Benno mir langsam entgegen. »Dina!«, rief er mit unterdrückter Stimme, noch eh ich bei ihm war. »Da bist du ja!«, sagte ich froh, ließ achtlos meine kleine Reisetasche auf den Schneeboden gleiten und streckte ihm beide Hände entgegen, »Hast du mich denn erkannt?« »Adine! So unerwartet und unangemeldet – von niemand empfangen!«, äußerte er wie in tiefem Staunen. Und dann: »Erkannt – ja, erkannt, noch eh ich wusste, dass du es sein könntest. An deinem Gang. Nur grade am Gang. Dies sorglos wiegende Schlendern – nur du gehst so –, es sieht aus, als ob es auf der Welt nur lauter geebnete Wege gäbe oder als schritte ein unsichtbares Wesen vor dir her, das sie dir ebnet. – Und du kommst im Schnee – zu Fuß?« »Ja freilich, zu Fuß, von Stein zu Stein, über das bekannte alte Pflaster. Es war ja noch früh. Schön war's. Der Schnee, der fiel so dicht. Das alte Brieg!Wie es aussah im Schneesturm!« Dabei blies uns der Wind immerzu die breiten Flocken ins Gesicht, während wir dastanden und sprachen, wie wenn ich bereits zu Hause wäre, wie wenn ich dazu nicht erst einzutreten brauchte. Benno hob meine Reisetasche vom Boden auf und bemerkte: »Deine Mutter, Tante Lisette, wird ganz außer sich vor Freude sein. Sie konnte es kaum noch erwarten.« »Ich gehe leise zu ihr hinein – gib mir den Schlüssel«, sagte ich und trat neben ihm ans Haus. »Oder kommst du mit?«

Er schüttelte den Kopf und wies nach der Irrenanstalt hinüber. »Ich muss noch dorthin – stets um diese Stunde noch einmal inspizieren. Also auf morgen. Schlaf gut daheim.« Ich gab ihm beim Eintreten noch einmal die Hand. »Auf morgen!«, wiederholte ich heiter. »Da seh ich dich also eigentlich wieder. Denn heut haben wir uns ja noch keineswegs wiedergesehen. Zwei Stimmen im Dunkeln! Zwei Stimmen, die dem Wiedersehen vorausgelaufen sind. – Und die nun aufhören müssen zu schwatzen.« »Gute Nacht, Adine. Nimm die Hand fort, du klemmst dich«, sagte er beim Schließen der Tür. Das klang so nüchtern und ängstlich, dass ich unwillkürlich noch einmal zwei Finger in die Türspalte steckte. Ich rief hinaus: »Ich muss dir noch sagen: Es ist schön, dass wir uns getroffen haben – im Schneegestöber am Hause. Es ist ja nur ein Zufall, aber grade darum ist's schön.« Die Tür fiel ins Schloss. Einen Augenblick lang schien Benno draußen noch still zu stehen, wie wenn er lauschte – dann knisterte der Schnee unter den langsam sich entfernenden Schritten.

Um **unersetzbar** zu sein,
muss man stets **anders** sein.

COCO CHANEL

7

Selma Lagerlöf

Die Prinzessin von Babylonien

Teil 1

Es war an einem dunklen Winterabend in der kleinen Hütte Skrolycka. Kattrinna, die Bäuerin, saß da und spann, und die Katze lag auf ihrem Schoß und spann auch, so gut sie konnte. Der Mann, Jan Andersson, saß am Herde und wärmte sich mit dem Rücken gegen das Feuer. Er war den ganzen Tag in Erik Fallas Wald gewesen und hatte Holz gehackt, da konnte niemand von ihm verlangen, dass er jetzt, wo er daheim war, noch eine andere Arbeit vornehmen sollte. Nicht einmal Kattrinna hatte etwas dagegen einzuwenden, dass er jetzt nichts anderes tat, als mit ihrem kleinen Mädchen spielte und plauderte, das diesen Winter in sein fünftes Jahr ging.

Kattrinna saß in ihren eigenen Gedanken da und hörte nicht viel darauf, was der Mann und das Kind miteinander schwatzten. Aber auf eines hielt sie strenge. Sie konnte es nicht leiden, wenn Jan der Kleinen sagte, dass sie so schön und besonders sei, und das tat er gar zu gerne. Denn wenn Klara Gulla schon als kleines Kind eine hohe Meinung von sich selbst bekam, dann wusste ja Kattrinna, dass nie und nimmer ein vernünftiges Frauenzimmer aus ihr werden konnte.

Jan trieb es zu arg, er kam auf alles Mögliche, was das Kind hoffärtig machen musste. Aber an diesem Abend war Kattrinna ganz ruhig, denn nun saß er da und erzählte von Dingen, die sich früher einmal in der Welt zugetragen hatten, zu der Zeit, als die Erde erschaffen wurde und die Menschen sie zu erfüllen begannen. Er war gerade dabei, die alte Geschichte vom Turm zu Babel zu erzählen, und da konnte man ja hoffen, dass er keine Gelegenheit finden würde, mit seinen gewohnten Torheiten zu kommen.

»Ja, und da haben sie Lehm herbeigeschleppt«, sagte Jan, »und sie haben Ziegel geschlagen, und Kalk haben sie gelöscht und ein Gerüst aufgerichtet, und mit jedem Tag ist der Turm höher geworden.

Sie haben schon gewusst, dass es unserem Herrgott nicht recht ist, wenn sie den Turm bauen, aber danach haben sie nicht viel gefragt. Denn sie hatten sich's einmal vorgenommen, sie wollten bis zum Himmel hinauf, um zu sehen, wie's dort ausschaut.

›Hört einmal, ihr guten Leute‹, hat da der liebe Gott gesagt, ›jetzt sag' ich's euch aber zum letzten Mal: Wenn ihr nicht gleich von hier weggeht und mit der Bauerei aufhört, dann kann ich mir nicht helfen, ich muss ein Unglück über euch kommen lassen. Und das wird ein solches Unglück sein, das ihr nie loswerdet, und niemand kann euch dagegen helfen.‹

Aber die Menschen, die haben sich gedacht, ach was, unser Herrgott wird schon langmutig sein, wie gewöhnlich. Und sie haben weiter an ihrem Turm gebaut, und jeden Tag sind sie ein Stückel höher gekommen.

Da ist aber unser Herrgott hergegangen und hat ihre Sprache ganz durcheinandergebracht. Siehst, bis zu dem Tag haben sie so gesprochen, dass eins das andere verstanden hat, aber jetzt war's damit aus.

Wenn die Maurermeister jetzt sagen wollten: ›Gib mir Lehm!‹, dann haben sie anstatt dessen gesagt: ›Fitzliputzli Fitzliputzli.‹ Und wenn die Lehrlinge haben fragen wollen, was sie denn meinen, da haben sie gesagt: ›Erbe, derbe, mirbe, marbe.‹ Na, da kann man sich nicht wundern, dass sie sich nicht verstanden haben.

Die Meister, die haben geglaubt, die Lehrlinge wollen sie zum Narren halten. Aber wenn sie sagen wollten: ›Sprecht doch ordentlich‹, dann haben sie gesagt: ›Ullen dullen dorf!‹ Na, und wenn die Lehrlinge fragen wollten, warum sie ein so böses Gesicht machen, da haben sie nichts anderes herausgebracht als: ›Abrakadabra?‹

Und da sind sie alle miteinander zornig geworden und sind sich in die Haare gefahren und haben zu raufen angefangen.

Na, und von dem Tag an war's aus mit der Freundschaft zwischen den Menschen, und niemand hat mehr daran gedacht, weiter an dem Turm zu bauen, sondern ein jedes ist für sich gegangen.«

Als Jan in seiner Erzählung so weit gekommen war, schielte er zu Kattrinna hinüber. Der Spinnrocken stand stille, und es sah beinahe aus, als seien Frau und Katze eingeschlummert. Da nahm Jan seine Erzählung wieder auf.

Das meiste
haben wir gewöhnlich
in der **Zeit** getan,
in der wir meinten,
zu wenig zu tun.

MARIE VON EBNER-ESCHENBACH

8

Selma Lagerlöf

Die Prinzessin von Babylonien

Teil 2

Er senkte die Stimme nur ein wenig.

»Aber unter all den anderen dort in Babylon, die an dem Turm gebaut hatten, war auch ein König und eine Königin, und die hatten eine kleine Prinzessin. Und auf einmal fängt auch dieses kleine Mädel an, so närrisch zu sprechen, dass ihre Eltern und alle anderen Leute nicht ein einziges Wort verstanden haben.

Da wollt' der König und die Königin sie nicht mehr auf ihrem Schloss behalten, sie haben sie fortgejagt, und sie musst' ganz mutterseelenallein in die große, weite Welt hinaus.

Da war sie natürlich ganz verzagt. Sie hat ja nicht gewusst, wem sie da unterwegs begegnen kann. Für einen Bären oder einen Wolf war es ja ein Kinderspiel, so eine kleine Prinzessin aufzufressen, wenn sie ihm in den Weg lief.

Aber so zart und fein sie auch war, so hat ihr doch niemand was zu Leid getan.

Nein, im Gegenteil, alle, denen sie begegnet ist, sind freundlich auf sie zugegangen und haben ihr die Hand gegeben und gefragt, wo sie denn hinwill. Aber was sie zur Antwort gegeben hat, davon haben sie kein Wort verstanden, na, und da haben sie sich nicht weiter um sie gekümmert.

So lieb und fein, wie sie war, braucht' sie nur in die Schlösser und Burgen hinaufzukommen, da haben sie die Türen sperrangelweit aufgerissen und sie hineingehen lassen. Aber wenn sie den Mund aufgemacht und man ihre närrische Sprache gehört hat, da hat sie gleich wieder fortmüssen.

Na, und endlich, da war sie schon durch alle Königreiche gewandert, die's gibt, da kommt sie eines Abends spät in einen großmächtigen Wald, und als sie durch den Wald gegangen ist, da sieht sie eine kleine Hütte, die war so niedrig, dass sie grad noch durch die Tür durchkonnt', und da geht sie hinein und sagt: ›Grüß Gott.‹

Da drinnen sitzt die Bäuerin und spinnt, und der Bauer sitzt am Herd und wärmt sich. Und wie sie sehen, dass ein Fremdes zur Tür hereinkommt, so sagen sie auch: ›Grüß Gott.‹

Da hat die kleine Prinzessin eine schreckliche Freude gehabt, denn da in der Hütte haben sie akkurat so gesprochen, dass sie sie verstehen konnt'. Aber sie war sehr vorsichtig, sie hat ihnen nicht gleich alles erklären wollen.

›Wie heißt denn diese Hütte?‹, hat sie gefragt, um sie auf die Probe zu stellen.

›Die heißt Skrolycka‹, haben sie gleich geantwortet, und da hat sie schon gemerkt, dass sie sie verstanden haben.

Und da war sie ganz wild vor lauter Freude, aber sie hat gemeint, es ist doch besser, wenn sie sie noch einmal auf die Probe stellt.

›Wie heißt denn die Sprache, die ihr hier im Haus sprecht?‹, hat sie gesagt.

›Das ist die värmländische Sprache‹, haben die Leute in der Hütte gesagt.

Und da ist die kleine Prinzessin zu ihnen hingegangen und hat sie gebeten, dass sie bei ihnen bleiben darf, denn hier wär' der einzige Ort auf der Welt, wo sie verstehen konnten, was sie geredet hat.

Aber wie sie zum Feuer hingekommen ist, da haben die Leute ja gesehen, dass sie eine kleine Prinzessin von Babylonien ist. Und da haben sie ihr gesagt, dass sie fehlgegangen sein muss. Und sie haben ihr gesagt, es könnt' ihr unmöglich bei ihnen gefallen. Die värmländische Sprache, die wär' ja überall, in jedem Haus, in der ganzen Gegend hier herum bekannt, haben sie gesagt, sie könnt' überall hingehen, wo es ihr beliebt.

Aber die kleine Prinzessin, die hat auf diesem Ohr nicht gehört. ›Nein‹, hat sie gesagt, ›ich merk' schon, dass ich recht gegangen bin. Und hier will ich bleiben. Denn hier hat man eine Freude und einen Nutzen von mir.‹«

Die kleine Klara Gulla war ganz still auf Jans Schoß gesessen und hatte gelauscht, und ihre Augen waren vor Staunen immer runder und runder geworden. Aber als jetzt Jan zu erzählen aufhörte, saß sie zuerst ganz stumm da, dann drehte und wendete sie das Köpfchen und guckte sich alles in der Stube an, so, als hätte sie es noch nie gesehen.

»Ja, jetzt kann's ja noch so bleiben, wie's ist, eine Zeit lang«, sagte sie endlich. »Aber bis ich einmal groß bin, dann geh' ich schon wieder dorthin zurück, wo ich her bin.«

Jan machte ein langes Gesicht. Und das Schlimmste war, dass Kattrinna jetzt wach war und den Schluss des Gesprächs gehört hatte.

»Ja, siehst du, das hast du davon, dass du dem Mädel immer einreden willst, dass sie gar so was Feines und Besonderes ist!«, sagte sie.

Die meisten Menschen
geben ihre **Macht** auf,
indem sie denken,
sie hätten keine.

ALICE WALKER

9

Paula Dehmel

Der Stern der Mitte

Gehe mit dir selbst
keine **Kompromisse** ein.
Du bist **alles**,
was du hast.

JANIS JOPLIN

10

Monika Hunnius

Eine Weihnachtsfahrt

Warum können wir uns
nicht in Träumen treffen
und uns alle unsere Fragen
beantworten?

KATHERINE MANSFIELD

11

Ida Hahn-Hahn

Gräfin Faustine

Teil 1

Ich werde dorthin gehen,
wohin meine Natur mich führt.
Es widerstrebt mir, mich von jemand
anderem führen zu lassen.

EMILY BRONTË

12

Ida Hahn-Hahn

Gräfin Faustine

Teil 2

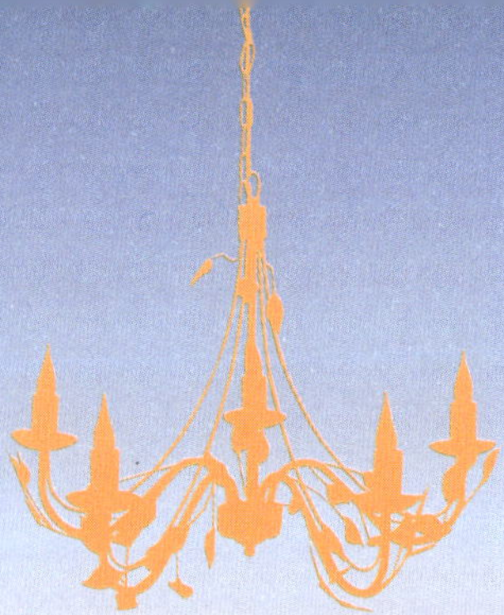

Wenn der Mensch
nur erst so weit wäre,
seinem eigenen Genie zu trauen.

BETTINA VON ARNIM